Magdalena Hai Nina Dulleck

Die Nimmersatt Katze

Aus dem Finnischen von
Anu Katariina Lindemann

Dressler Verlag · Hamburg

Magdalena Hai, geboren 1978 im finnischen Jyväskylä, schreibt Bilder- und Kinderbücher sowie Fantasy- und Sci-Fi-Romane für Jugendliche. Ihre Werke wurden bereits mehrfach ausgezeichnet. DIE NIMMERSATTKATZE ist ihr erstes Buch bei Dressler.

Nina Dulleck, geboren 1975, zeichnet, seit sie einen Stift halten kann. Sie lebt mit ihrer Familie in Rheinhessen inmitten von Kirschbaumplantagen und Weinbergen.

MIX
Papier aus verantwortungsvollen Quellen
FSC® C002795

Deutsche Erstausgabe
1. Auflage

Max-Brauer-Allee 34, 22765 Hamburg

Original edition published by Karisto Publishers, 2017
German edition published by agreement with Magdalena Hai and
Elina Ahlback Literary Agency, Helsinki, Finland
© Übersetzung: Anu Katariina Lindemann
© Einband und Innenillustration: Nina Dulleck
Satz: Sabine Conrad, Bad Nauheim
Druck und Bindung: Livonia Print SIA,
Ventspils iela 50, LV-1002, Riga, Lettland
Printed 2021
ISBN 978-3-7915-0150-5

1

Vor langer Zeit, weit weg, aber dann wiederum auch nicht ganz so weit weg, wie du es dir vielleicht vorstellst, gab es einmal ein Land, das unter schwerer Dürre und Armut litt. Einst war es ein grünes Land gewesen, in dem allerlei Menschen und Tiere lebten, aber diese Zeit gehörte längst der Vergangenheit an. Sie existierte nur noch in der Erinnerung der Menschen.

In jenem Land lebte auch ein Mädchen, das von allen Mädchen auf dieser Welt das kleinste war. Es war so klein, dass sogar die Feldhasen es um einen ganzen Kopf überragten. Und es war so klein, dass seine Hand kaum größer als eine Kleeblüte war. Vermutlich war das Mädchen wegen der Dürre und der Armut winzig geblieben. Da weit und breit niemand etwas zu essen hatte, kam auch niemandem in den Sinn, seine wenigen überlebenswichtigen Habseligkeiten zu teilen. Deshalb hatte das Mädchen, das mutterseelenallein auf dieser Welt war, auch nie etwas gehabt, das das Leben erst lebenswert gemacht hätte.

Aber eines Tages kam dem kleinen Mädchen auf dem Dorfweg eine Katze entgegen, deren Bauch laut knurrte.

Die Katze war schwarz und struppig und größer als die größten Bäume der Gegend. Ihre grünen Augen blitzten, und ihre langen Zähne sahen aus, als könnte sie damit einen Heißluftballon durchstechen.

Als die Katze das Mädchen erblickte, schnurrte sie: »**Oh, was für ein kleines Mädchen!** Kleiner als ein Eichhörnchen und sogar noch kleiner als der rosa Zeh meiner Pfote. Aber vielleicht genügst du ja trotzdem, um meinen Bauch zu füllen. Es ist schon so lange her, dass ich das letzte Mal etwas gefressen habe, und mein Bauch knurrt und grummelt ganz fürchterlich.«

»**Friss mich nicht!**«, rief das Mädchen, als es die Worte der Katze vernahm. »Ich werde nicht reichen, um deinen Hunger zu stillen! Ich bestehe doch fast nur aus Haut und Knochen.«

Mit ihren grünen Augen starrte die Katze das Mädchen an. »Kann schon sein, aber dieses ganze Land ist arm und

wie ausgestorben. Wer weiß denn schon, wann ich das nächste Mal etwas Essbares finde, wenn ich dich jetzt nicht auf der Stelle mit Haut und Haaren runterschlucke.« Die Katze stieß mit ihrer Wange gegen den nächsten Baum, der sofort entzweibrach. Dann miaute sie: »**Aber um ehrlich zu sein, möchte ich dich eigentlich gar nicht fressen.**

Denn du scheinst ein nettes Mädchen zu sein. Früher habe ich bei Menschen gelebt, und ich erinnere mich, dass ich es dort mochte. Aber wenn ich nicht bald etwas zu essen bekomme, dann knurrt und rumort mein Bauch so lange, bis er mich irgendwann zu Tode grummelt!« Die Katze streckte ihre raue, rosafarbene Zunge zwischen ihren Zähnen heraus und leckte sich geschwind über ihre haarige Wange.

»Oh, liebe Nimmersattkatze. Friss mich bitte nicht!«, rief das kleine Mädchen erneut. **»Warte wenigstens noch einen Tag, dann suche ich dir etwas anderes!«**

Die ausgefahrenen Krallen der Katze zogen sich wieder in ihre weiche Tatze zurück. Und obwohl ihr Bauch immer noch unüberhörbar laut knurrte, setzte sie ihre Pfote wieder auf den Boden und miaute: »Also gut. Ich habe schon so lange nichts mehr zu fressen gehabt, dass ich es wohl schaffen kann, noch einen weiteren Tag zu warten. Aber bei deiner Suche werde ich dich begleiten. Und wenn du bis zum Ende des heutigen Tages nichts zu essen gefunden hast, dann werde ich dich fressen.«

»**Abgemacht**«, sagte das Mädchen.

2

Die Katze und das Mädchen setzten ihre Reise gemeinsam fort. Die Katze rechts – so hoch wie eine pechschwarz schimmernde Tanne – und das Mädchen links, so klein wie ein Briefkasten.

Die Sonne brannte bereits heiß vom Himmel herunter, als sie ein Dorf erreichten. Dort lebten viele kleine und große Menschen. Aber alle waren dünn wie Grashalme und genauso trocken wie das Ackerfeld, neben dem sie lebten.

»Essen?«, fragten sie erschrocken, als sie die Katze erblickten. »Wir haben schon seit Jahren nichts Richtiges mehr zu essen gehabt. **Stattdessen ernähren wir uns von unseren Gedanken und Träumen.** Nur dadurch überleben wir.«

Der Bauch der Katze grummelte fordernd und sie sagte zu dem Mädchen: »Vielleicht sollte ich anstatt dir lieber diese Dorfbewohner fressen, auch wenn sie trocken und dürr wie Weizenhalme sind. Sie haben ja schon ihre Gedanken und Träume verspeist und haben jetzt nichts mehr, wofür es sich zu leben lohnt.«

Aber das Mädchen widersprach: »Tu das nicht,

Nimmersatt! Sie müssen wirklich viele Träume und Gedanken haben, wenn sie bis jetzt überleben konnten. Und schau doch nur – **hier gibt es immer noch Kinder. In ihren Köpfen entstehen wieder neue Träume.**«

Die Katze erkannte, dass das Mädchen die Wahrheit sagte.

Glänzende Seifenblasen stoben aus den Köpfen der Kinder – ganz neue Träume und Gedanken. Sie ernährten die Dorfbewohner, obwohl ihre Felder leer standen.

»Also gut«, erwiderte die Katze. »Aber denk daran: Wenn wir bis zum Ende des Tages nichts Essbares gefunden haben, dann werde ich dich fressen müssen. Ich werde es tun, auch wenn ich angefangen habe, dich wirklich zu mögen. Aber mein knurrender Bauch lässt mir keine andere Wahl.«

Als Antwort auf die Worte der Katze grummelte ihr Bauch unsagbar laut, und das Mädchen hatte das Gefühl, dass der Boden unter ihren Füßen bebte.

3

Sie verließen das Dorf und gingen zum Meer. Die Katze beobachtete, wie die Wellen gegen die Steine am Ufer schwabbten. Ihre Schnurrhaare sträubten sich neugierig dem Wind entgegen, ihre Augen hatte sie halb geschlossen. Das Mädchen sammelte am Strand hübsche Steine und hohle Muscheln, aber etwas Essbares fand es nicht. Die Katze leckte ihre Pfote.

»Einst tummelten sich lauter Fische in diesem Meer, aber heute ist es leer und ausgestorben.«

»Was ist passiert?«, fragte das Mädchen.

Aber die Katze antwortete nicht. Stattdessen lauschte sie nachdenklich den Wellen, so als ob sie in dem Meeresgrollen das Echo einer längst vergangenen Schlacht vernähme.

»Schau mal«, sagte das Mädchen, »dort schimmert etwas im Sand.«

Es ging näher heran und betrachtete den Gegenstand.

»Kann man es essen?«, fragte die Katze, da ihr Bauch schon wieder knurrte.

»Nein«, antwortete das Mädchen. »Es ist ein Griff.«

Es packte ihn und zog mit aller Kraft daran. Mit einem *Plopp!* löste sich der Gegenstand aus dem nassen Sand. Es war ein Schwert, dessen Walknochen-Griff mit Bernsteinen verziert war und das eine scharfe, silbern glänzende Klinge besaß.

Das Mädchen wog das Schwert in seiner Hand. Die Katze konnte ihm vom Gesicht ablesen, was ihm dabei durch den Kopf ging.

»Falls du glauben solltest, dass mich das daran hindern wird, dich zu fressen, dann hast du dich aber gewaltig geirrt.« Sie lachte schnurrend. »Ich habe schon viel schärfere Dinge verschlungen.«

Lange Zeit war das Mädchen mucksmäuschenstill. Schließlich sagte es: »Ich finde das Schwert wunderschön.

Wenn du nichts dagegen hast, dann würde ich es gerne mitnehmen. Und ich will es auch nicht gegen dich verwenden, sofern es nicht unbedingt nötig ist.«

Die Katze zuckte mit den Schultern. **»Dann soll es so sein.«**

Daraufhin steckte das Mädchen das Schwert in den Gürtel seines Kleides.

Als das Mädchen neben der Katze am Strand weiterging – zurück ins Landesinneren –, sah es in den Dünen noch weitere Griffe. Hier und da ragten sie aus dem Sand hervor – sie waren aus Knochen, Leder oder rostrotem Eisen. Der Strand war übersät mit Schwertern und Lanzen.

»Hier gab es einst eine furchtbare Schlacht zwischen zwei Königen und ihren Königreichen«, erzählte die Katze. Dabei zitterte ihr Schwanz und eine am Strand erbaute Scheune stürzte in sich zusammen. Aber die Katze bemerkte es nicht einmal. »Beide Könige waren der Meinung, ein Anrecht auf diesen Strand zu haben. Das Blutvergießen lockte auch mich hierher.« Tief in Gedanken versunken leckte sich die Katze über die Lippen. »Ich weiß nicht mehr, welche der beiden Armeen köstlicher schmeckte. **Als sie in meinem Bauch ankamen, waren sie jedenfalls gleich.**«

4

Auch wenn das Mädchen der Katze gegenüber nichts erwähnte, so begann es sich allmählich davor zu fürchten, wohin sie ihre Reise wohl noch führen würde. Schließlich war es doch nur ein kleines Mädchen. Was könnte es schon gegen eine Katze ausrichten, die zwei ganze Armeen verschlungen hatte und nicht einmal davon satt geworden war?

Und warum schien die Katze eigentlich bei jedem Schritt immer noch ein bisschen größer zu werden?

»Ich habe dich bisher noch gar nicht fressen sehen, aber dennoch wächst du die ganze Zeit«, wunderte sich das Mädchen. »Wie kann das sein?«

Aus dem Augenwinkel warf die Katze kurz umständlich einen Blick auf das Mädchen. Weil sie schon so groß geworden war, fiel es ihr schwer, das Mädchen richtig zu erkennen, da es immer noch klein war wie eh und je. »Wenn man genug frisst, dann wächst man wie von selbst. Da kann man nichts dran ändern.« Die hundert Meter langen Schnurrhaare der Katze erzitterten. »Aber Hunger bleibt. Auch daran kann man nichts ändern.«

Die Sonne brannte vom Himmel hernieder und der Weg flimmerte vor ihren Augen. Das Mädchen spürte die vom Wind abgekühlten Schweißperlen in seinem Nacken und hätte gern einen Schluck Wasser zu sich genommen, aber das salzige Meerwasser war nicht trinkbar und weit und breit war weder ein Brunnen noch ein Bach zu sehen. Schließlich erreichten die Katze und das Mädchen einen

schattigen Wald. Aber seine Bäume waren nicht grün, die Stämme waren kahl und schwarz und auf den blattlosen Zweigen war kein Leben zu sehen.

»Wo sind nur die Vögel hin?«, fragte das Mädchen.

»Ich habe sie gefressen«, antwortete die Katze und vermied es dabei, dem Mädchen in die Augen zu blicken.

Missbilligend starrte das Mädchen die Katze an.

»Mein Bauch verlangte danach«, verteidigte sich die Katze.

»Hast du etwa jeden einzelnen Vogel in diesem Wald gefressen?«, fragte das Mädchen. »Hast du denn nicht einmal die Muttertiere am Leben gelassen, damit sie neue Eier legen könnten?«

Die Katze schüttelte den Kopf. »Nein, ich habe jeden einzelnen Vogel verschlungen und so lange gefressen, bis es keinen mehr gab.«

»Das war eine furchtbare Tat!«, sagte das Mädchen vorwurfsvoll.

Beschämt ließ die Katze den Kopf hängen.

5

Das Mädchen und die Katze folgten dem im Schatten der Bäume verlaufenden ausgetrockneten Flussbett und liefen immer tiefer in den Wald hinein. Sie erblickten leere Teiche und die Erdlöcher der Frösche. Sie sahen Wege, auf denen mächtige Elche einst entlanggeschritten waren. Aber nun war der Wald einsam und verlassen, es herrschte eine Totenstille. Hier lebte kein einziges Tier.

»Ich erinnere mich noch ein wenig an die Tage, als ich bei Menschen wohnte«, erzählte die Katze.

Verstohlen blickte das Mädchen empor, betrachtete die runden, weichen Wangen der Katze und schaute in ihre Augen, in denen es sich spiegelte – ein kleines, schwaches Mädchen.

»Ich weiß nicht mehr besonders viel«, fuhr die Katze fort, »da es vor langer Zeit gewesen war. Ich hatte einen Besitzer. Einen kleinen Jungen. Er liebte es, in viel zu hohen Bäumen herumzuklettern.«

Das Mädchen drückte den Griff des
Schwerts fester. Es traute sich nicht zu fragen,
ob die Katze den kleinen Jungen aufgefressen hatte.
»Mo…mochtest du ihn?«

Die Katze bemerkte nichts von der Furcht des Mädchens.
»Ich mochte es, jemanden zu haben, um den ich mich kümmern konnte und der sich um mich kümmerte.«

Das Mädchen und die Nimmersattkatze stiegen den Berghang hinauf, bis sie den Flussanfang erreichten. Nur der durch die Hitze aufgebröckelte Boden war ein

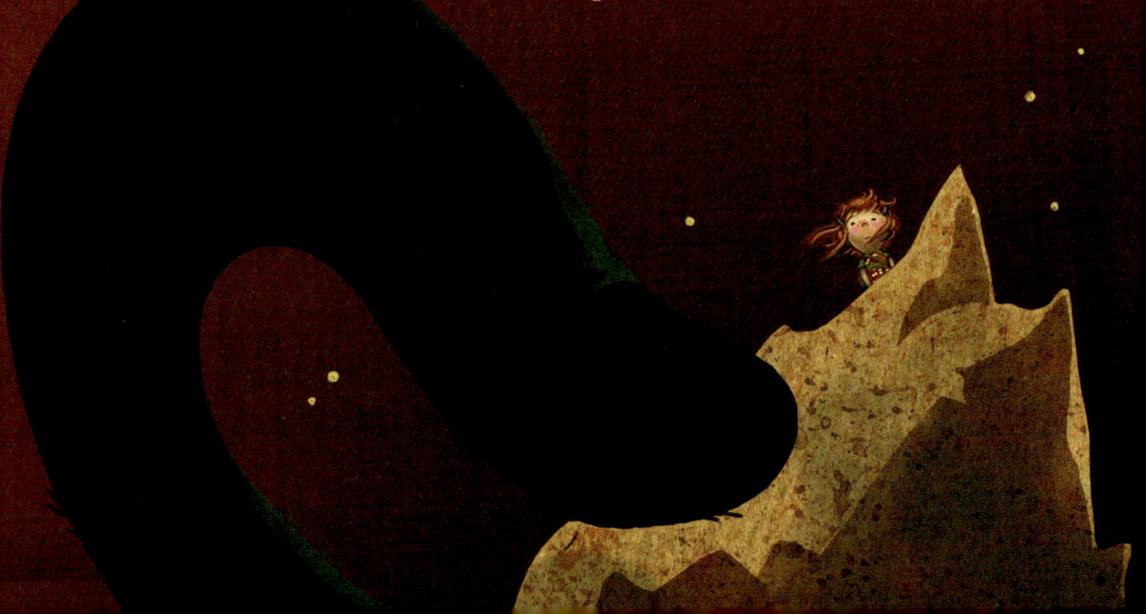

Hinweis darauf, dass es in der Quelle irgendwann einmal Wasser gegeben hatte.

»Wer hat die Quelle ausgetrocknet? Einst brachte sie Leben ins ganze Land und jetzt gibt es keinen einzigen Tropfen mehr«, stellte das Mädchen fest. **»Wer kann denn nur so gedankenlos gewesen sein?«**

Das Mädchen, das auf dem Hang des Berges stand, warf einen Blick um sich und sah die ausgedörrte und unter Armut leidende Welt. Es sah das Dorf, dessen Bewohner sich von ihren Träumen ernähren mussten. Es sah den Strand, an dem nichts anderes als Schwerter wuchsen. Und es sah den Wald, der einst voller Leben gewesen war, aber nun seelenlos und schwarz dalag.

»Das war ich«, gab die Katze zu. »Ich trank das Wasser aus der Quelle. Ich aß die Tiere im Wald, die Fische im Meer und das Getreide der Dörfer. Mein knurrender Magen befahl es mir.«

»Bist du deshalb so groß geworden?«, fragte das Mädchen.

Die Katze, deren Kopf nun schon in den Wolken steckte und die mit ihren Zähnen den Himmel hätte durchstechen können, nickte und zerriss damit die Wolkendecke. Ihre Stimme glich einem dumpfen Grollen. »Früher war ich viel kleiner als heute. Ich war einmal eine ganz gewöhnliche Katze. Aber dann begann mein Magen zu grummeln und verlangte nach mehr und immer mehr. Und obwohl ich aß, knurrte mein Bauch in einem fort.« In den großen Augen der Katze glänzte die Nässe des Ozeans. »Ich wuchs und wuchs, bis ich schließlich alles aufgefressen hatte. Dass ich das getan habe, tut mir furchtbar leid. Aber Hunger habe ich trotzdem noch.« Während die Katze sprach, sank die Sonne, und die ersten Sterne der Nacht erschienen am Himmelszelt. Die Katze miaute kummervoll. »Nun ist unser gemeinsamer Tag auch schon vorbei und ich muss dich leider fressen, kleines Mädchen. Auch wenn ich dich wirklich mag. Und was noch wichtiger ist: Du bist meine Freundin geworden.«

Eine silbern glänzende Träne fiel aus dem Augenwinkel der Katze und platschte neben dem Berg auf den Boden. Das Mädchen streichelte die große Pfote der Katze und sagte: »Oh, Nimmersatt. Du hast deinen knurrenden Bauch entscheiden lassen, in welche Richtung dein Leben geht. Du hast nicht einen Moment darüber nachgedacht, ob du auch das Richtige tust.«

»Katzen denken nicht darüber nach, was richtig und was falsch ist«, miaute die Katze. »Das müssen wir auch nicht. Wir sind schließlich anders als die anderen.«

»Aber ihr lebt in derselben Welt wie alle anderen auch!«, entgegnete das Mädchen. »Was das betrifft, unterscheidet ihr euch nicht.«

Das Mädchen schaute lange auf den grummelnden Bauch der Katze, der wie eine behaarte Wand vor ihr stand. Das Knurren glich einem Donnergrollen.

Das Mädchen schaute hinauf in die Sterne, begegnete dort

dem Blick der Katze, die es mit ihren grünen Augen ansah. Es sprach weiter: **»Wenn du mich wirklich fressen musst, dann tu es. Friss mich und mein Schwert. Aber wenn wir echte Freunde sind, dann beiß mich nicht, sondern schluck mich unversehrt hinunter. So kann ich zumindest noch ein paar Augenblicke länger leben.«**

Die Katze nickte. »So soll es sein.«

Die Katze streckte ihre große, raue Zunge heraus. Und dann verschlang sie das Mädchen mitsamt dem Schwert. Aber beim Hinunterschlucken war sie sorgsam darauf bedacht, dass sie das Mädchen nicht mit ihren scharfen Zähnen verletzte.

6

Die Reise des Mädchens in den Magen der Katze dauerte viele Tage und Nächte. Es musste über die rauen Hügel auf der Katzenzunge klettern und ihre lange Speiseröhre ohne Seil oder Ausrüstung hinabsteigen. Als es müde wurde, rollte es sich zum Schlafen in den weichen Falten der Katzenkehle zusammen. Und beim Aufwachen beobachtete das Mädchen, wie alle Wunder dieser Welt an ihm vorüberzogen.

Denn jetzt, wo die Katze das Mädchen verschlungen hatte, gab es nichts und niemanden mehr, der sie und ihren knurrenden Magen aufhalten konnte. Sie schluckte Schwerter und Speere von dem endlosen, öden Strand hinunter – eines nach dem anderen.

Danach kehrte sie in das Dorf zurück, dessen Bewohner von ihren Träumen lebten. Sie fraß und fraß, bis sie auch die Berge und die Straßen und die Sterne und den Mond verschlungen hatte. Die ganze Zeit über wurde sie immer größer und größer.

Als das Mädchen schließlich im Katzenmagen ankam, sah es, dass die Katze die ganze Welt verschluckt hatte. In dem knurrenden Bauch gab es ein wahlloses Durcheinander von Vögeln und Bäumen, Bären und Baumstümpfen.

Verwirrte Weißwale schwammen kreuz und quer über den Dorfstraßen herum. Die Häuser stapelten sich auf Haufen und zerdrückten sich gegenseitig mit ihrem Gewicht. Ihre Bewohner lagen immer noch in tiefem Schlaf. Und über alldem ertönte das Grummeln des Katzenbauchs.

Das Mädchen nahm das Schwert von seinem Gürtel und ging bis auf den Grund des Magens. Dabei trat und hievte es Getreide und die Schätze des Meeres weg, die ihm den Weg versperrten. Dann musste es um ein riesengroßes Seeräuberschiff herumlaufen, dessen Kapitän völlig verwundert durch sein Fernrohr spähte, als er das Mädchen erblickte. Es kletterte über ein umgestürztes, verkehrt herum liegendes Gutshaus, aus dessen Fenstern die erschrockenen Gesichter der Hausbewohner auftauchten.

»Hilf uns, kleines Mädchen! Wir stecken in der Falle!«, schrien sie und ihre Stimmen klangen hinter dem Fensterglas ganz dumpf.

Das Mädchen legte seine Hände trichterförmig um den Mund und rief: **»Ich helfe euch! Habt nur ein wenig Geduld!«**

Auf seiner Suche lief das kleine Mädchen lange in den Tiefen des Katzenmagens umher, bis es schließlich eine Hütte entdeckte. Sie war winzig klein, und wenn das Mädchen nicht selbst die Größe eines Schneehasen gehabt hätte, dann hätte es die Hütte wohl gar nicht erst bemerkt, geschweige denn durch die Tür hindurchgepasst. Aber es fand sie und schlüpfte durch die niedrige Eingangstür. In der Stube stand ein Tisch aus Eichenholz, an dessen Ende ein graubärtiges **altes Männlein** mutterseelenallein saß und alle guten Gaben aus dem Bauch der Katze aß. Der Alte hatte runzlige Finger und warzige Wangen und kein Haar auf dem Kopfe außer ein paar zerzausten Fransen über den Ohren. Das Männlein war dermaßen auf seine Völlerei konzentriert, dass es das kleine Mädchen nicht einmal bemerkte.

Das Mädchen kam näher und setzte sich auf den freien Stuhl.

Auf dem Tisch gab es alles, was das Herz begehrte, und noch mehr: Früchte und Kuchen in Schüsseln, Autos und Pferdekutschen auf Tellern, Wagenladungen von Heu sowie Briefe und Pakete. In der Mitte des Tisches stand ein Topf, in dem eine ganze Stadt vor sich hin köchelte. Es war eine übersprudelnde Stadt und durch die vielen Schornsteine qualmten immer mehr dichte, beißende Rauchschwaden in den finstren Raum. Das Mädchen musste sich die Hand vor den Mund halten, um nicht zu husten. Das am Tischende sitzende alte Männlein schmatzte und schlemmte und stopfte sich mit seinen runzligen Händen alles in den Mund, was es zu fassen bekam.

»Wer bist denn du?«, fragte das alte Männlein zwischen zwei Schmatzern, als es das kleine Mädchen schließlich erblickte.

Erschüttert schaute das Mädchen
dem alten Männlein beim Schmausen
zu und sprach: »Ich habe keinen Namen.
Ich bin nur ein kleines Mädchen.«
»Papperlapapp, jeder hat einen
Namen!«, brummte der Alte,
während er mit einer winzig
kleinen Heugabel zwischen seinen
Zähnen herumstocherte.
»Ich nicht«, entgegnete das Mädchen.
Das alte Männlein schaute das

Mädchen mit zusammengekniffenen Augen an und schmatzte: »Man muss doch einen Namen haben. **Ich bin Gierius. Der Alleinherrscher Albertus Sepeteus Eknobaatti Gierius.** Ich bin der Oberbefehlshaber und der wichtigste Mann dieses Ortes.«

»Das weiß ich«, erwiderte das Mädchen. »Ich weiß auch, *was* du bist.«

»Woher soll so ein kleines Mädchen denn so etwas wissen?«, fragte der Alte.

»Ich habe es mir gedacht, als mir die Katze von ihrem unstillbaren Hunger erzählte«, antwortete das Mädchen. »Ich wusste, dass es dafür einen Grund geben muss. **Denn die Katze ist eine gute Katze.** Und niemand sonst kann so unersättlich sein wie du!«

Der Alte starrte das Mädchen an und stopfte sich dann ein Bahngleisstück in den Mund. Einen Moment lang kaute er mit dicken Backen darauf herum. Ein lautes Knacken war zu hören, als seine Zähne die Bahnschiene in tausend Stücke zermalmten.

»Es war falsch von dir, die Katze dazu zu nötigen, die ganze Welt zu verschlingen!«, sagte das Mädchen. »Die Katze wollte das nicht.«

Das alte Männlein spie ein Schienenstück aus. »Aber sie hat es trotzdem getan.«

»Sie wollte nichts Böses tun. Sie hatte einfach nur Hunger.«

»Sie hätte jederzeit damit aufhören können.«

Finster blickte der Alleinherrscher Gierius das Mädchen an. Die Augen des Alten waren riesig und fleckig und grässlich. »Die Katze hätte auch einfach das Knurren ihres Magens ignorieren können. Und sie hätte Mitleid mit denen haben sollen, die sie aufgefressen hat. Es war ihre eigene Entscheidung!« Der Alte leckte sich den Finger von der Eisenbahnschiene sauber.

»Aber dann wäre sie doch gestorben!«, erwiderte das Mädchen und begann bitterlich zu weinen. Es drückte den Griff des Schwerts fester. Das Schwert blitzte bedrohlich, aber das Mädchen wusste nicht mehr, was es damit hätte anstellen sollen.

Gierius wies auf das Schwert und sagte: »Du bist hierhergekommen, hast mit deinem kleinen Schwertlein herumgefuchtelt und dir gedacht, dass du mich damit entweder tötest oder der Katze damit den Bauch aufschneidest. Nicht wahr?«

Das Mädchen nickte.

»Das vermagst du doch gar nicht! Ich bin viel zu mächtig und du liebst die Katze viel zu sehr.«

»Ja, das tu ich«, schluchzte das Mädchen.

»Ihr seid zusammen bis ans Ende der Welt gelaufen und habt alles gesehen, was es in dieser Welt zu sehen gibt.« Der Alleinherrscher Gierius schaute das Mädchen mit schleimigen Augen an. »Du könntest ihr niemals etwas zuleide tun.«

Das Mädchen hob das Schwert und wies mit der Spitze auf Gierius. **»Verschwinde von hier!«**

Daraufhin brach der Alte in schallendes Gelächter aus.

»Du glaubst also wirklich, dass ich mich ergebe, nur weil du mir drohst?«

Gierius lachte so sehr, dass ihm der Speichel in hohem Bogen aus dem Mund spritzte. »Du bist nur eines von unzählig vielen kleinen Mädchen, die es auf dieser Welt gibt. Du kannst mir rein gar nichts anhaben. Solange ich im Bauch der Katze lebe, bin ich unbesiegbar!« Gierius hob drohend den Zeigefinger und gackerte. »Schau, auch wenn ich vielleicht klein aussehe, so bin ich in Wirklichkeit doch genauso groß wie diejenige, die mir zu Diensten ist.«

Um seine Kraft zu demonstrieren, fuchtelte Gierius mit seiner Hand herum, und der Bauch der Katze begann daraufhin dermaßen laut zu knurren, dass sich das Mädchen die Ohren zuhalten und seinen Kopf gegen die Knie drücken musste. Dabei fiel ihm das Schwert aus der Hand.

Schnell wie der Wind schnappte Gierius es sich und steckte es wie einen Zahnstocher zwischen seine Zähne. Von weit her, von sehr weit her, hörte das Mädchen das schmerzerfüllte Miauen der Katze.

Gierius verspeiste das Schwert des Mädchens und verkündete: **»In diesem Augenblick bin ich der Herrscher über die ganze Welt!«**

7

Nein!«, rief das Mädchen. »Du bist der Kleinste der Kleinen! Du bist ja sogar noch kleiner als ich!«

Das Mädchen lief aus der Hütte und kletterte an die höchste Stelle im Katzenbauch-Tal. Von dort rief es: »Nimmersatt! Ich weiß, dass du mich hören kannst! Es ist noch nicht zu spät, du kannst uns noch alle retten.«

Gierius kam an die Tür der Hütte, hob seine Hand, ballte diese zur Faust und brachte den Bauch der Katze dadurch lauter zum Knurren als je zuvor.

»Hunger!«, rief die Katze.

Aber das Mädchen gab nicht nach. »In deinem Bauch lebt ein Alleinherrscher – die Gier! Spuck ihn aus, dann wird dein Hunger ein Ende haben!«

Als er das hörte, schrie Gierius wutentbrannt, und die Katze miaute ängstlich. Ihre Magenwand zog sich zusammen, und ihr Bauch rumorte unendlich laut – genau so, wie es der Alte gewollt hatte. Weit über sich und von überallher vernahm das Mädchen die Stimme der Katze. »Ich habe Angst, kleines Mädchen! Was ist, wenn ich hungrig bleibe?«

»Dann bleibst du es eben!«, rief das Mädchen zurück. »Keiner darf allein die ganze Welt verschlingen. Das ist nicht richtig!«

Die Katze verstummte daraufhin, aber das Grummeln ihres Magens war mittlerweile so laut geworden wie Meeresgrollen.

Gierius brach in schallendes Gelächter aus. »Ich habe es dir ja gesagt! Die Katze traut sich nicht, mich auszuspeien. Sie denkt, dass ich ein Teil von ihr bin und dass sie ohne mich nicht leben kann.«

Das Mädchen schaute den Alten an, verzog das Gesicht und rief: »Dir höre ich überhaupt nicht zu! Nimmersatt! Wir sind einen ganzen Tag lang zusammen umhergestreift und ich kenne dich in- und auswendig. Ich weiß, dass du in Wirklichkeit eine gute Katze bist. Wenn du dich von der Gier befreist, dann werde ich dich aufnehmen!«

Daraufhin miaute die Katze so laut, dass die Sterne aus ihrer Umlaufbahn gerieten.

»**Du wirst dann meine Katze sein und wir sind nie wieder allein.** Wir werden gemeinsam die schönsten Dinge in der Welt sehen. Und ich werde mit dir auch auf den allerhöchsten Baum klettern!«

Bei diesen Worten begann sich das ganze Katzenbauch-Universum zu bewegen, wurde durchgerüttelt und durchgeschüttelt.

Gierius schrie und begann auf das Mädchen zuzulaufen.

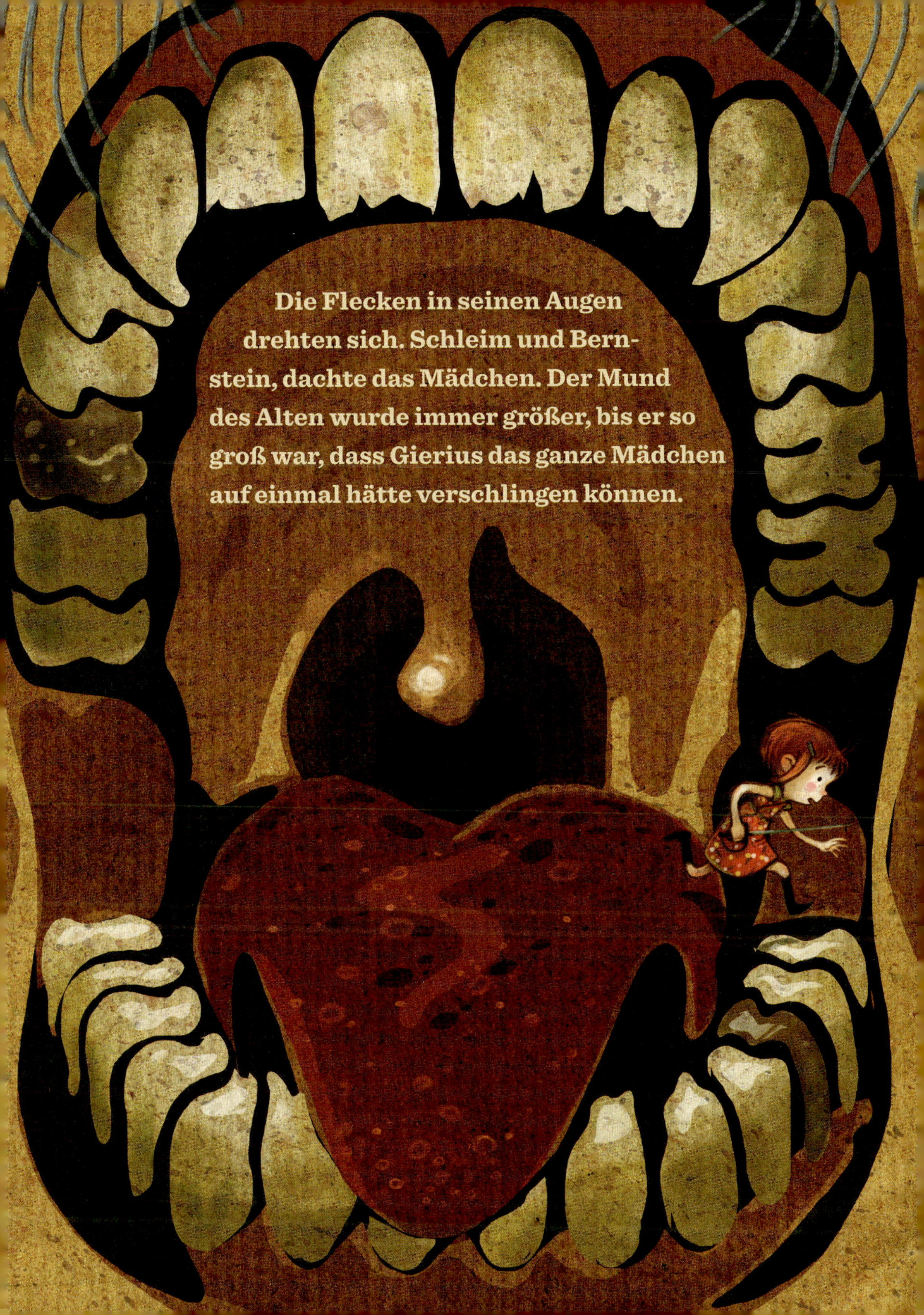

Die Flecken in seinen Augen drehten sich. Schleim und Bernstein, dachte das Mädchen. Der Mund des Alten wurde immer größer, bis er so groß war, dass Gierius das ganze Mädchen auf einmal hätte verschlingen können.

Die Zähne des Alten wurden immer länger und länger, und das Mädchen wusste, dass Gierius es nie und nimmer unversehrt hinunterschlucken würde. Nein, er würde zubeißen und es zerkauen. Das Mädchen spürte, wie die Katze ins Zögern geriet. Falls das Mädchen sterben sollte, könnte niemand mehr der Katze helfen, die Gier loszuwerden.

Der Alleinherrscher Gierius öffnete seinen Mund immer weiter, bis er aus nichts anderem mehr bestand. Das Mädchen erblickte sein Schwert, das immer noch zwischen Gierius' scharfen Zähnen steckte. Es schob seine Hand ganz tief in den Schlund hinein und schnappte es sich. Dann drehte es sich blitzschnell um, duckte sich und huschte unter Gierius hindurch, wich dabei nur ganz knapp seinen scharfen Zähnen aus. Dann stieß es das Schwert in die rosafarbene Magenfalte der Katze, auf der sie immer noch standen.

Der Bauch der Katze begann zu zittern und zu knurren und sich zusammenzuziehen.

»Was hast du getan?«, ertönte es aus Gierius' riesigem Mund.

Das Bauchknurren der Katze wühlte das ruhende Meer in der Magenfalte auf, eine riesige Salzwasserwelle erfasste das Mädchen und riss es mit sich fort. Meerwasser schoss auch in den Mund des Alleinherrschers Gierius und im Nu war er verschwunden.

Hilflos drehte sich das Mädchen in einem Wasserstrudel. Neben sich erblickte es noch andere Wesen: Wale und Kraken und Rochen mit leuchtenden Augen. Hin und wieder tauchte der Kopf des Mädchens unter die Wasseroberfläche, und es sah nichts weiter als den dunklen Meeresmagenboden, auf dem nicht einmal Plankton-Kreaturen lebten. Genau in dem Moment, als das Mädchen bereits fürchtete, dass es keine Minute länger mehr aushalten würde, griff irgendjemand nach seiner Hand und zog es aus dem Wasser heraus.

Es war der Kapitän des Seeräuberschiffs. Der wild aussehende Mann schnappte sich das Mädchen und hob es über die Reling aufs Deck. Das Schiff schaukelte auf dem Wellenkamm einer Flutwelle hin und her, und selbst der Kapitän sah ein bisschen ängstlich aus, obwohl er doch solch ein mächtiger Seeräuber war. Vom Deck aus beobachtete das Mädchen, wie die Welt sich um die beiden drehte. Die Sterne und der Mond, die Berge und die Wälder. Alles wirbelte in einem einzigen Durcheinander, und inmitten von allem – in diesem unbändigen Wasserstrudel – sah es den umhertrudelnden Alleinherrscher Gierius.

Hoch über ihren Köpfen öffnete sich das Maul der Katze – ein unebener, rotwandiger Durchgang. Am Ende erkannte das Mädchen Licht. »Nimmersatt!«, rief es. **»Liebe Katze! Tu es jetzt!«**

8

Ein letztes Mal miaute die Katze herzzerreißend. Ihre Flanken erzitterten und die ganze Welt bewegte sich aufwärts. Aus dem Maul der Katze schwärmten Sterne und Planeten zurück ins Freie – einer nach dem anderen. Hinaus strömten ferne Monde, auf deren Oberflächen Wälder wuchsen, und Berghänge, aus deren Quellen klares, reines Wasser hervorsprudelte. Die Katze schenkte allen smaragdgrünen und rot gepunkteten Fröschen und Wasservögeln die Freiheit. Heraus kamen Menschen und ihre Gedanken und Träume, blökende Schafe und ihre Wiesen und Felder. Die Weißwale sangen einander auf ihrem Weg in die Freiheit zu.

Das Mädchen und das Seeräuberschiff und alle Fische stürzten zur selben Zeit ins Meer.

Die Katze schrumpfte dabei um die Hälfte, und dann schrumpfte sie sogar noch mehr, bis sie nur so groß wie die Welt war, dann so groß wie ein Kontinent, dann so groß wie ein Hochhaus, dann so groß wie ein Elefant, dann so groß wie ein Pferd. Als sie bis auf die Größe eines Panthers geschrumpft war, würgte sie zuletzt den Gierius-Greis hinaus.

Das Einzige, was daraufhin noch in ihrem Magen zurückblieb, waren die wenigen unglückseligen Mäuse und Hasen, die sie bereits verspeist hatte, als sie noch eine ganz gewöhnliche Katze gewesen war.

Das Seeräuberschiff setzte neben einem Korallenriff den Anker. Das Mädchen ging von Bord

und stieg in ein Ruderboot. Nachdem es sich vom Kapitän verabschiedet hatte, paddelte es zu der Insel, an deren Strand die Katze saß und es bereits erwartete.

Das Mädchen setzte sich neben die Katze auf den weißen Sand. **»Du bist wahrlich eine große Katze«**, stellte es voller Erstaunen fest und streckte seine Hand aus, um das Fell des Panthers zu streicheln.

Die Katze ließ ein dumpfes Schnurren ertönen. In ihren grünen Augen funkelte es und ihr schwarzes Fell glänzte in der Sonne.

»**Groß oder klein – eine Katze ist und bleibt eine Katze.** Aber auch du bist gewachsen«, stellte sie fest und warf einen Blick auf das Mädchen.

Das Mädchen betrachtete sich daraufhin genauer und merkte, dass seine Füße und Hände tatsächlich größer geworden waren. Man könnte es nun nicht mehr mit einem Maßband für Hasen messen und mit einem für Eichhörnchen erst recht nicht. **Es war nun ein Mädchen, das genauso groß war wie andere Mädchen auch.**

Das alte Männlein Gierius war ebenfalls an den Strand gespült worden. Allmählich kam der Alte wieder zu sich. Er blinzelte mit seinen schleimigen Augen, fasste sich fluchend an den Kopf und krümmte seine runzligen Füße. Als er das Mädchen und die Katze erblickte, erschreckte er sich ganz fürchterlich, sprang geschwind auf die Füße und eilte, während er drohend die Faust hob, in den Schatten des großen Waldes.

Die Pantherkatze brummte: »Sollen wir ihn fangen?«

Aber das Mädchen schüttelte den Kopf. »Was würdest du denn mit ihm tun, wenn du ihn schnappst? Du kannst ihn nicht schon wieder fressen. Nein, der Alleinherrscher Albertus Sepeteus Eknobaatti Gierius ist ein Wesen, das es in dieser Welt immerzu geben wird. **Wir müssen nur darauf achten, dass er keine Macht über uns bekommt.**«

»Du hast recht«, sprach die Katze, leckte erneut ihre weiche Tatze und überlegte dann laut: »Wollen wir anstelle des Alten vielleicht diese da jagen?«

Die Katze zeigte mit ihrer Pfote auf den Wald, wo die Seifenblasen der wiedergeborenen Träume hin- und herhüpften und in der Sonne glänzten. Dann blickte sie verschämt zu dem Mädchen hinüber.

»Oder wäre das sehr schändlich?«

Das Mädchen lächelte. »Lass uns lieber um die Wette rennen!«, sagte es und lief bereits los, bevor die Katze überhaupt ein Schnurrhaar rühren konnte.